AF395667

LETTRE

Dv Sievr

LE BLOND DE LA TOVR,

A VN DE SES AMIS.

CONTENANT

Quelques Instructions touchant LA PEINTVRE.

Dédiée à M^r DE BOIS-GARNIER, R. D. L. C. D. B.

A BOVRDEAVX,

Par PIERRE DV COQ, Imprimeur & Libraire de l'Vniuerſité.

M. DC. LXIX.

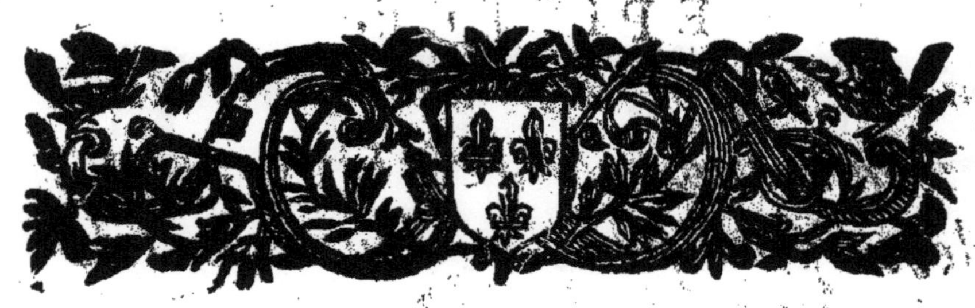

A

MONSIEVR

DE

BOIS-GARNIER

RECEVEVR DE LA
Comptablie de Bourdeaux.

ONSIEVR,

Ie ne vous dédie point cét Ouvrage, afin de donner de l'Immortalité à vostre Nom, mais plustôt afin de donner de la recommandation à cét Ouvrage. Ce dernier paroistra sans doute un Eloge. Mais mon dessein n'est pas de faire icy celuy de vostre Personne. Ie ne me sens pas assez fort pour une semblable Entreprise. Il faudroit estre plus éloquent que ie ne suis, pour faire connoistre à tout le monde combien vous estes Genereux, Bien-faisant, Liberal, Civil & Honneste ; combien vous estes Tendre pour vos Amis ; combien vous estes Sincere, & Constant, & à quel point vous possedez les autres Qualitez d'un Galant-Homme, & les autres Vertus qui semblent tout-a-fait bannies de ce Siecle. Chaqune de ces Vertus meriteroient un Panegyriste con-

sommés. Et si ie me suis ingeré d'en
parler, ce n'est que pour faire voir
que ie vous ay choisi pour Patron
de ce petit Traitté auec beaucoup
de raison & de iustice. Ie serois
satisfait de son destin, s'il me pou-
uoit tenir lieu de reconnoissance
pour tant de Bontés que vous m'a-
vés tesmoignées, & si vous le vou-
liez recevoir comme vne marque
de l'estime & du respect que i'ay
pour vous. I'ay crû MONSIEVR, que la maniere ne
vous en déplairoit pas, & i'ay
trouvé beaucoup de convenance au
Present que ie vous en fais: car
non-seulement vous avez vne
grande connoissance de la Peinture, mais encore vous avez vne
passion extréme pour les Tableaux,

comme le témoigne assez vôtre Cabinet, qui peut passer pour un des plus curieux de cette Province. Ie vous prie donc MONSIEVR, de recevoir ce petit Don comme un Hommage public que ie rends à vos Vertus, comme un parfait ressentiment des Bontés que vous avez pour moy, & comme une asseurance inviolable du Vœu que i'ay fait d'estre toute ma vie,

MONSIEVR,

Vostre tres-humble, tres-obeyssant, & tres-passionné serviteur.

LE BLOND DE LATOVR.

AV LECTEVR

CE petit Livre ne traite point à-fond de la Peinture, ny des Peintres. Ce seroit vne entreprise bien hardie, aprés ce qu'en ont écrit tant de grands Hommes, parmy lesquels le sçavant Monsieur Félibien s'est acquis vne reputation immortelle. Il contient seulement quelques instructions familieres qui pourront seruir d'Introduction à cét Art, & en rendre les commencemens plus faciles & plus agreables. Il y a des endroits où les plus Curieux trouveront peut-estre dequoy se satis-faire, & peut-estre aussi que les plus Habilles ne dé-

daigneront pas la façon dont les
choses y sont traittées. Au reste,
cét Ouvrage n'auoit pas esté destiné pour le grand iour, mais cét
Amy à la priere duquel ie l'avois
composé , m'ayant fait entendre
qu'il pourroit étre vtile au Public,
ie me suis rendu à ses raisons dau-
tant plus volontiers , que cette
Impression me fournit les moyens
de m'acquiter des plus pressans
devoirs de la Vie Ciuile, enuers la
Personne à qui ie l'ay dédiée.

POVR MONSIEVR

DE LA-TOVR,

SVR SON LIVRE

DE LA PEINTVRE.

EPIGRAMME.

*LA-TOVR nous fait voir dans
   son Livre,
Qu'il a sçeu ioindre deux talens,
Fort rares & fort differens,
Et qui sçauront le faire vivre,
Malgré les ialoux & les ans.*

DE LAMATHE Advocat
au Parlement de Paris.

LETTRE.

ONSIEVR,

Vous m'avés si - fort
pressé de vous dresser quelques Instructions touchant la Peinture ,
pour cultiuer cette noble inclination
que vous auez pour ce bel Art, &
vous donner vne plus parfaite connoissance des Tableaux, pour lesquels vous auez vne curiosité bien
loüable, que ie n'ay pû differer plus
long - temps de satisfaire à vostre
obligeant desir : ayant consideré
d'ailleurs, que nostre petit Marc-
Antoine pourroit quelque jour pro-

fiter de ce petit trauail. Ie vous diray donc le plus fuccintement &
le plus clairement qu'il me fera pof-
fible, ce qu'il y a de plus neceffai-
re & de plus facile dans les elemens
de cét Art, paffant par deffus ces
fpeculations longues & difficiles, qui
feroient capables de rebuter dans
les commencemens, au lieu d'en-
courager, & d'inftruire.

Ce bel Art qui paroit aujour-
d'huy auec tant d'auantage & d'éclat,
& qui eft deuenu vn des plus beaux
objets des Efprits de noftre Siecle;
ce bel Art qui tient des premiers
rangs parmy les Royalles inclinations de noftre incomparable Monarque, lequel, par l'eftime particuliere qu'il en tefmoigne, excite
l'emulation de mille rares Genies
qui trauaillent fans ceffe à l'enuy
pour s'y rendre parfaits; ce bel Art

dis-je, eſt ſans doute vne imitation admirable des Idées de Dɪᴇv, dans la production des Creatures, que les Theologiens appellent vne connoiſ-ſance expreſſe de toutes les choſes poſſibles.

Car celuy qui agit auec eſprit, ſe figure premierement le deſſein & l'image de ce qu'il pretent faire & produire au jour. Or Dɪᴇv qui a fait toutes choſes dans vne veüe ſouue-rainement ſage, & auec vne con-duite tres - judicieuſe, a connu mé-me auant la creation du monde, le modelle & le patron de tout ce qu'il a produit depuis, & de tout ce qu'il doit produire doreſnauant, ſa con-noiſſance, vaſte & profonde luy en ayant fourny la repreſentation & l'effigie interieure, comme vne pein-ture ſpirituelle, & c'eſt ce que nous appellons proprement les Idées de

DIEV. Et de mesme que DIEV. conserue dans son Eternité vne Idée permanente & immuable de toutes choses : de-méme ce bel Art a cela d'excellent & de particulier, qu'il conserue sans alteration les extraits de cét adorable Prototype, par la beauté rauissante de ses charmans essais, bien-que dans leur existence & dans leur être, ils soient sujets aux Loix de la Nature, qui n'a rien qui ne perisse enfin auec le temps. Car leurs attraits quelque agreables qu'ils soient, s'éuanoüissent presque aussi-tost qu'on commence à les remarquer, n'ayant d'autre moyen de se conseruer & de participer à ces glorieuses Idées de leur Autheur, que par le diuin se-cours de la Peinture, qui a cela de propre, qu'elle ressemble en ce point au Souuerain principe de toutes cho-

fes, qui tient renfermé dans foy-
méme de toute Eternité, comme
dans vne fource feconde & inépui-
fable, la beauté & la perfection de
toutes les Creatures, fans change-
ment & fans defaillance, parce que
cette Idée vniuerfelle de toutes chofes, eftant vne partie de fon effence,
elle doit eftre auffi parfaite que luy-
mefme.

Ie ne pretens point auancer icy
que les expreffions exterieures des
Idées de Dıєv, qui font les objets
naturels de nos fens, font auffi par-
faites dans les traits vifibles de la
Peinture, que dans cét adorable
Original; mais je dis que ce bel Art
ayant les auantages que ie viens de
faire remarquer, il faut demeurer
d'accord qu'il n'y en a point qui foit
embelly de plus nobles & de plus
magnifiques Caracteres,& que ceux-

là se doiuent estimer fort heureux, à qui Dieu communique ce rayon de sa Diuinité, leur donnant ce beau talent de l'imiter en quelque sorte dans l'expression visible de ses perfections, & les destinant malgré la necessité fatale de la vicissitude & de la fin des choses creées, à perpetüer la beauté de ses Creatures dans cét estat passager, comme il l'a conseruée toûjours la mesme, leur existence ne causant point d'accidens dans son Idée, quoyque les expressions de la Peinture soient les expressions des accidens, puis qu'elles le sont des existences creées. Car qui ne sçait que Dieu n'est point imitable en ses perfections qu'on appelle immanentes, c'est à dire qui luy sont essentielles & propres, comme il l'est en celles qu'il communique positiuement à ses Creatures, lesquelles operent

operent alors par la participation
qu'il leur a donné de sa puissance,
auec cette difference pourtant, qu'elle est extremement affoiblie en elles,
& que la peine du peché y paroist
manifestement imprimée , Dieu
ayant voulu que l'homme preuari-
cateur se souuint sans cesse de sa
desobeyssance, & que son abaisse-
ment present reparât en quelque façon son ancien orgueil.

Il faut donc demeurer d'accord
que rien n'approche de l'excellence
de la Peinture dans les qualitez qui
luy sont propres, & que parmy les
beaux Arts elle est non seulement
vn Art admirable & singulier , qui
merite d'estre distingué & mis au
dessus de tous les autres , mais encore que c'est quelque chose de diuin, quelque chose de plus qu'vn
Art, qui esleue nostre esprit & le

porte au delà de luy-mesme. Et bien
que l'Histoire & l'Esloquence, qui
sont deux choses qui peuuent mieux
entrer en parallele auec les auantages de la Peinture, que les autres
Arts & les autres connoissances;
l'Histoire estant digne de veneration
& de respect, puis qu'elle est vn ri-
che thresor des plus seures regles
de la vie, & que sans elle nous se-
rions sans creance & sans discipli-
ne: Et l'Esloquence estant la lumiere
de l'Esprit, l'interprete des Sciences,
la Gardienne des Loix, la Patrone
des Vefves & des Orphelins, le fleau
des vices, l'appuy de la vertu, le
refuge des mal-heureux; Il faut ad-
uoüer neantmoins que la Peinture
efface tous ces Esloges & tous ces
titres si pompeux par celuy-là seul
que tous les Sçauans luy ont donné
d'vn commun consentement, *de se-*

conde Creatrice , & d'Imitatrice de DIEV , si l'on peut parler de la sorte. Et en effet, quelque effort que fasse l'Esloquence par la bouche des Poëtes, & des Orateurs, que quelques-vns ont appellé des Peintres parlans, & à quelque perfection que puissent paruenir les autres Arts, & les autres sciences, ne void-on pas clairement que la Peinture les surpasse infiniment en ses effets? Et n'est-il pas vray que IESVS-CHRIST paroit auec plus de pompe & d'éclat sur le Thabor, auec le secours du Pinceau de l'Illustre Raphaël, qu'auec le secours de la plume du meilléur Poëte & du meilleur Orateur, ou auec quelque autre secours que ce soit.

DIEV a donné à chaque Art la qualité qui luy est propre & essentielle: Celle de la Rhetorique est de persuader, & ce don est sans doute

vn des plus admirables que cette
Prouidence toute liberale ayt com-
muniqué à l'homme; celle de l'Histoire est d'instruire ; celle de la Philo-
sophie est de rendre les hommes sa-
ges & raisonnables, & ainsi des autres ; mais la qualité de la Peinture
est de créer & de produire vne seconde fois, ce qui estoit des-ja créé &
produit : & ce qui est encore plus
merueilleux, de faire, pour ainsi dire,
quelque chose de rien , imitant en
cela l'Autheur de toutes choses, qui
les a tirées du neant par vne puissance sans seconde. Ie l'ay desja dit plu-
sieurs fois, & ie ne me lasserois jamais
de le dire, à la gloire de cet ouurier
inimitable, & à la confusion de ceux
qui respondent si mal à cette auan-
tageuse destination qu'il leur a si li-
beralement donnée : Si je ne me sou-
uenois que je vous ay promis au

commencement de cét ouurage, que
je ferois fuccint le plus que ie pourrois. Ie vay donc entrer en matiere
afin de vous tenir ma promeffe, &
pour ne pas abufer de voftre loifir,
dont ie me rendrois refponfable enuers le public, auquel vous vous
eftes deuoüé entierement.

La fin generale de la Peinture, eft
de glorifier & d'exalter DIEV par la
reprefentation la plus naïve & la
plus pompeufe de la beauté de fes
Creatures, comme il s'exalte luy-
mefme par la complaifance quil a
dans cét abyfme d'Idées rauiffantes
d'vne infinité de Creatures qu'il peut
produire inceffamment, dont il a ti-
ré cét admirable tout qui compofe
l'Vniuers, qui eft vn Tableau acheué
de toutes les beautez imaginables.

C'eft donc vn employ bien glorieux de s'adonner à la Peinture,

puis qu'elle nous conduit à noſtre veritable fin par des voyes ſi agreables : car qui ne ſçait que la veritable fin de l'homme, ſon principal objet, & celuy pour lequel il a eſté créé, eſt pour rendre gloire à ſon Createur, & pour donner, s'il eſtoit poſſible, quelque nouueau luſtre à cét Eſtre ſi parfait & ſi accomply.

Que s'il s'en trouue ſi peu qui répondent à cette noble &à cette heureuſe deſtination, ce n'eſt rien autre choſe qu'vn effet de l'aueuglement du premier homme, qui a eſté ſi fatal à toute ſa poſterité : Et certes, ſi cét aueuglement a eu de ſi eſtranges ſuittes dans nos derniers ſiecles, qui ſans doute n'euſſent point cedé aux precedens, ny meſme à la plus illuſtre antiquité, c'eſt vray-ſemblablement par cette raiſon, que les plus belles choſes tombent de temps en

temps dans vn relâchement inévita-
ble, dont elles se releuent ensuitte
auec plus d'éclat, comme nous l'a-
uons veu souuent arriuer en tous les
autres Arts.

Or l'on connoît cette destination
dont nous parlons à des indices differents, & presque infaillibles.

On la connoît dans les Enfans, lors
qu'estant encore jeunes, ils ont quelque petite complaisance, sans y faire
presque reflection, à former auec la
plume, auec du charbon, ou quelque
autre chose, dans la Maison, dans
l'Eschole, ou dans la Classe, sur la
muraille, sur du bois, ou sur du papier,
des testes, des mains, des arbres, des
Chastéaux, des nauires, des bestes, &
d'autres marmouzets de cette sorte.
Et dans les personnes d'vn âge plus
auancé, on le connoît à ces mémes indices, & encore à vn certain esprit de

facilité, qui leur fait cõceuoir ce qu'ils voyent de beau dans les Tableaux comme des choſes aiſées, car alors c'eſt vne marque euidente qu'ils ont du naturel & de la diſpoſition pour en faire autant. Mais le plus ſouuent, ce naturel, & cette diſpoſition ſont étouffez par les Peres, & par ceux qui ont ſoin de l'educatiõ de leurs enfans leſquels les ſacrifient à leur ambition & à leurs propres inclinations, enſorte que cette bonne ſemence ſe perd, parce qu'on neglige de cultiuer le fons, & ce beau naturel s'éuanoüit de meſme qu'vne fleur dans la gelée.

C'eſt pourquoy les Peres bien zelés pour l'auancement de leurs Enfans, deuroient s'animer d'vne émulation pareille à celle des Lacedemoniens, qui enuoyoient les leurs voir les plus belles Villes de leurs pays, afin qu'ils peuſſent mieux ſe determiner

ner parmy cette grande diuersité de
choses qui s'offroient à eux dans leur
voyage, à celles qui seroient plus selon leur inclination & leur goût, d'ou
il arriuoit, qu'estant persüadez de la
bonté & de la beauté de l'employ
qu'ils auoient eux-mesmes choisy, ils
s'y rendoient parfaits, & laissoient
bien-loin derriere eux, ceux à qui l'on
n'auoit pas donné semblable liberté.
On peut dire d'ailleurs que nostre
nation est si inconstante dans ses de-
sirs & dans ses resolutions particulieres, qu'elle change autant de fois,
qu'il se presente des objets nouueaux
capables d'exciter son appetit, qui
s'attache toûjours dauantage au bien
qu'il ne possede pas encore qu'à celuy dont il a des-ja fait choix ; d'où
il arriue que voulant tout entreprendre, on n'entreprend rien , & voulant sçauoir toutes choses, on ne sçait

jamais rien à fond. Ce sont-là les deux grandes raisons pourquoy nous voyons si peu d'habilles gens dans noſtre France, au reſpect de ce qu'il y en deuroit auoir, eſtant certain qu'elle eſt à auſsi juſte titre, la Mere des bons eſprits, comme elle eſt la Mere des bons Soldats.

Ce n'eſt pas que lors que les parties qui compoſent la perfection d'vn Art, ont quelque liaiſon auec les principes des autres Arts, & meſme de pluſieurs Sçiences, & de pluſieurs connoiſſances humaines, il eſt abſolument neceſſaire de les apprendre, car c'eſt de ces differentes connoiſſances que ſe forme la perfection de cét Art: mais quand on eſt venu à ce point, quand on a vne fois puiſé dans ces ſources diuerſes ce qui eſtoit conuenable à cét Art, & ce qui contribüoit à ſa plus grande perfection, il

faut s'arrester-là, il faut se fixer à
l'exercice continüel de cét Art, sans
s'attacher à d'autres objets, qui exi-
gent chacun l'application d'vn esprit
tout entier pour excellent qu'il soit.

Ie serois trop long si je vous di-
sois tous les inconueniens qui pro-
uiennent de cette legereté & de cette incertitude d'esprit, qu'on repro-
che sur tout aux François auec beaucoup de raison, & qui les empesche,
ie ne dis pas d'égaler les plus grands
Personnages de l'antiquité, mais de
les surpasser mesme de beaucoup. Ie
ne m'arresteray pas non plus à vous
étaler toutes les raisons qui démon-
trent, que quand on a fait élection
d'vn employ raisonnable, auec toute
la liberté & la connoissance qui sont
necessaires, il s'y faut appliquer con-
stamment, & s'imaginer que l'on est
né pour cét employ, estant tres-cer-

tain que nous naiſſons tous differemment, les vns pour vne choſe, les
autres pour vn autre.

Poſons donc pour fondement de
l'employ dont nous parlons, vn beau
naturel, & vne heureuſe diſpoſition, &
adjouſtons y vn âge encore tendre &
docile : Car quoyque les ſentimens
ſoient differents touchant cette derniere qualité, & qu'il ſemble qu'vne
perſonne de vingt ou trente ans ſoit
d'vne meilleure conception & d'vn
jugement plus ſolide, la vie de l'homme, & meſme du plus vigoureux pou-
uant fournir à peine au temps qui ſeroit requis pour faire vn grand Peintre, mon opinion eſt qu'il faut s'appliquer à la Peinture dés l'âge de dix
ou douze ans, aprés auoir apris à lire
& à eſcrire.

Quand vn Maiſtre aura entrepris
de dreſſer vn enfant à la Peinture, &

qu'il commencera de le former par le desseing, il doit prendre garde sur tout de ne point violenter son inclination particuliere dans ces commencements, qui ne font, à proprement parler, que de simples preludes de l'Art; parce qu'il arriue fouuent, que cette contrainte & cette trop grande feuerité recule l'Enfant au lieu de l'auancer, & ce qui est plus à craindre, elles étouffent en luy cette excellente difpofition qu'il auoit apportée en naiffant, & que le Ciel auoit mife en luy par vne prédilection finguliere. C'eft pourquoy il faut remarquer auec foin & vigilance le principal objet du genie de l'Enfant, qui le porte naturellement à vne chofe pluftoft qu'à vne autre, ce qui fait qu'il s'y applique auec plus de plaifir. Et quand on aura obferué ce penchant particulier, il le faut cultiuer par les moyens les plus courts, & les plus efficaces, sans s'arrester à beaucoup de petites choses qu'on a introduites dans les Arts pour les rendre plus faciles : car la Peinture estant vn Art extremement long, si l'on s'arrestoit à ces bagatelles, l'esprit s'attiediroit par cette langueur où elles font tomber les Apprentifs, & cette étincelle de feu qui commençoit à paroistre, se perdroit malheureusement parmy ces vaines minucies.

Toutes les parties de la Peinture sont attrayantes, & rauissent les amateurs de ce bel Art. Desorte que les jeunes gens y trouuant tant d'apas & en si grand nombre, ne sçauent auquel s'arrester, & les parcourant tous l'vn aprés l'autre, ils consomment inutilement beaucoup de têps: ou bien il arriuera qu'vn Maistre aura donné à son Disciple quelque leçon agreable sur quelque partie de la Peinture, & quoy qu'il ne se sente pas particulierement disposé pour cette partie-là, neantmoins, parce que son Maistre l'ayme & qu'elle est de son goût particulier, & que luy-méme l'a trouuée agreable, sans pourtant qu'il sçache pourquoy, il s'y attachera quelques-fois plus qu'à toutes les autres pour lesquelles il estoit plustost destiné.

Aprés qu'on aura apris vn Enfant à dessigner, il luy faudra apréndre quelque chose de la Perspectiue, qui est absolument necessaire pour reüssir en cét Art, & generalement toutce qui regarde la Géometrie & l'Architecture, & aussi quelques principes des autres parties des Mathematiques.

Bien que tout ce que ie viens de

dire soit tres-neceſſaire pour arriuer à la perfection de noſtre Art, rien ne l'eſt pourtant comme la ſcience des proportions du Corps humain : car c'eſt ſur cette partie que roule tout ce qu'il y a de plus beau dans les Tableaux. En effet les Corps de l'Homme, de la Femme & du petit Enfant, ſont les plus beaux objets de nos ſens, & la plus vaſte matiere de cét Art diuin & merueilleux, qui les repreſente differemment ſelon leur difference eſſentielle, & la neceſſité de l'Hiſtoire qui les propoſe auec vne varieté preſque infinie.

Il ſemble que l'on peut comparer les diuers aſpects des Hommes & des Femmes aux cinq Ordres d'Architecture. C'eſt le ſentiment du docte Albert Duret, en ſon Traité des proportions. Les Corps gros & ramaſſés peuuent eſtre comparez à

l'Ordre

l'Ordre Toscane : Les Corps me-
diocres & moins groffiers, femblent
approcher de l'Ordre Dorique &
de l'Ionique : & les mieux faits, pour
lefquels j'ay plus d'inclination , &
qu'on doit mieux eftudier que les
autres, tiennent de la beaute de l'Ordre Corinthien, & du Compofé.

Lors que noftre Difciple commencera à bien deffigner, & qu'il copîra
paffablement, il pourra fe hazarder
à faire quelque chofe de fon inuention, fe feruant neantmoins de l'Idée
generale de ce qu'il aura déja copié.
Pour cét effet, il aura toûjours vn
crayon à la main pour efquiffer tout
ce qui luy viendra dans la penfée,
& qui fe rencontrera d'agreable deuant fes yeux, faifant choix fur le
naturel & imitant ce qu'il y a de plus
beau. Il s'appliquera auffi à deffigner
aprés la boffe, qu'il pofera dans vn

lieu propre pour receuoir auanta-
geusement la lumiere si c'est le jour,
& si c'est la nuit, il se seruira d'vne
lampe qui ayt vn seul lumignon, parce
que cette lumiere est plus fixe que
celle d'vne chandelle, qui varie &
change la disposition de son jour à
mesure qu'elle diminuë en bruslant,
ce qui n'est pas d'vne lampe qui n'a
qu'vn lumignon; au lieu que s'il y en
auoit deux, cela causeroit vne diuersité de lumiere, qui ne pourroit fournir vn aspect asseuré, si ce n'est que ce
fut vne grande lampe d'Academie,
dont les lumignons éclairant sans
confusion, ne donnent qu'vne seule &
mesme lumiere.

Il y a grande difference entre dessigner d'aprés vn Desseing ou vne
Estampe, & entre dessigner vn homme nud. C'est pourquoy le Disciple aura soin de consulter son Maî-

...tre fur ~~les~~ manieres differentes aurparauant de rien entreprendre , de méme que pour efquiffer, & pour faire les contours d'aprés le naturel. La plus aifée felon moy , eft d'eftonper, adjouftant trois ou quatre coups de crayon pour finir la figure, parce que cette maniere femble mieux imiter la Chair , que de manier & de finir tout auec le feul crayon.

Le Difciple qui va à l'Academie, y remarquera diligemment ceux qui deffignent le mieux, & auec plus de promptitude & de fçauoir, parce qu'il arriue fouuent que le modelle qui eft expofé, venant à fe laffer , la plufpart en demeurent à la moitié de leur deffeing , pour n'auoir pas cette facilité de deffigner vifte, laquelle on ne peut mieux acquerir qu'en obferuant exactement ceux qui l'ont déja acquife. Lors qu'il aura fait vne

fois son contour, bien que le modelle change, il ne changera rien
pourtant de sa figure. Et qu'il se sou-
uienne sur tout de ne pas faire toujours le Portrait du modele, qui souuent sur vn beau Corps se rencontre
vne teste disproportionnée. C'est la
raison pour laquelle on expose ordinairement en ces lieux-là, des bosses
aprés l'antique, dont on se doit seruir
suiuuant les aptitudes qu'on aura po-
sées. Pendant que le modelle se re-
pose & se delasse, le Disciple doit
faire quelque fonds à sa figure, comme quelque païsage, quelque Architecture ou quelque Drapperie : car
cela rend la main plus libre, & fournit
quelque Idée à l'esprit pour faire
d'inuention

Il faut qu'il tâche aussi de dessigner
les pieds & les mains le plus corecte-
ment qu'il pourra, quoyque cela soit

d'abord vn peu difficile, & donne de la contradiction à l'esprit de l'Apren-tif qui éuite toûjours la peine dans ces commencemens, & s'atache à ce qui a moins de difficulté. Mais cette repugnance estant surmontée par le desir de s'auancer & de se per-fectionner, qu'il doit toûjours auoir deuant les yeux, & l'habitude ayant succedé à cette repugnance, il res-sentira auec plus de plaisir, la dou-ceur & la gloire qui accompagnent le sçauoir.

Il se trouue à l'Academie de plu-sieurs sortes de papier, le plus com-mun est le blanc, le bleû, & le gris. Il faut estre extremement propre pour dessigner sur le blanc, parce que les plus petits deffauts y sont remar-quables. C'est pourquoy il faut s'a-coustumer à bien finir son ouurage, & reseruer le plus blanc pour expri-

mer les plus grands iours sur la Figure, & faire beaucoup de demy-
teintes tant claires que brunes.
Quand on deſſigne ſur le bleû, on
ſe ſert de Ceruze, de Tripoly, ou
de Craye de Champagne pour re-
hauſſer les clairs. Le papier gris
tient du bleû & du blanc, n'eſtant
pas ſi clair que celluy-cy, ny ſi brun
que celuy-là. Sa propre couleur ſert
pour les demy-teintes. On y employe
fort peu de blanc pour les clairs, &
quelques coups de crayon pour les
ombres. Ce Papier a cela de ſingu-
lier, qu'on y trouue vne maniere
plus aiſée, plus agreable, plus promp-
te, & meſme plus belle à mon gré.

Ayant apris le ſtile & la belle maniere de l'Academie, le Diſciple
pourra ajuſter quelques morceaux
de drapperie à vn manequin grand
ou petit, lequel il habillera auec des

linges fins demy-moüillés, & l'ayant
posé dans l'aptitude conuenable, il
formera les plis de ses drapperies
qui seront de Satin, de Taffetas, ou
de quelque autre étoffe de cette sorte, selon son genie, & la nature des
sujets, auec la pointe d'vn petit bâton pointu fait proprement pour cela. Quand il aura dressé son manequin, & qu'il voudra donner vne forme à ses drapperies, suiuant la qualité de l'aptitude qu'il pretend exprimer dans son Tableau, il choisira
vne belle antique moderne, ı tail-
le-douce, que nous appellons Estampe, ou bien des bosses conformes à
son desseing & à l'Idée qu'il aura de
l'Histoire, & il tachera d'imiter le plus
qu'il luy sera possible ce patron, qu'il
posera à costé du manequin, ou derriere, & auec son petit bâton pointu,
il exprimera sur ce manequin les plis

auec les longueurs & les proportions de son exemplaire , jusqu'à
ce que son propre genie luy en
fournisse de plus conformes à ces
Idées qui seruent à le perfection-
ner, car n'ayant pas encore vne habitude assez forte pour fournir d'inuention à l'expression de l'Histoire, ces moyens plus courts & plus
palpables,tracent vn chemin plus asseuré à l'inuention qui ne se peut acquerir qu'auec le temps , & qui sup-
pose vn Péintre habile & experimen-
té. C'est d'ailleurs vne belle metho-
de, pour se former d'aprés l'antique,
laquelle tous nos Peintres les plus
illustres ont tenuë, pour arriuer à la
perfection de l'Art.

Aprés que le Disciple se sera exer-
cé à toutes ces choses, & qu'il se sen-
tira quelque habitude des principa-
les, il pourra s'appliquer à la com-
position

position que nous appellons la forme, c'est à-dire exprimer sur du papier, ou sur de l'ardoise ses premieres Idées. Par exemple de l'Histoire,
qui est la plus noble & la plus impor-
tante partie de la Peinture, pour ne
pas dire le tout : car qui represente
bien l'Histoire, represente generalement tout ce qu'il y a de beau & de
rare dans le monde, puis qu'elle ren-
ferme dans son vaste sein le composé de la nature, qui est l'vnique objet de nostre Art.

Mais afin que nostre Disciple se
puisse former vne conduite plus asseurée & plus generale pour son desseing, j'ay trouué à-propos de mettre icy les t rois figures dont i'ay parlé, de l'Homme, de la Femme, & du
petit Enfant, dans leur plus belle
proportion, afin qu'il l'estudie bien,
& qu'en éuitant la longueur de la pei-

E

ne d'vne trop grande speculation il trouue icy d'vn seul trait d'œil toutes les lumieres qui luy sont necessaires : quoyque son genie & son jugement le doiuent conduire pour exprimer dans les diuers sujets les diuerses proportions des Enfans, à cause de la diuersité de leur âge.

L'estenduë de l'Histoire est si vaste que pour y suffire il faudroit vne science, & vn esprit extraordinaire, puisque c'est vne expression naïue & fidelle des productions infinies de Dieu, vne representation de ses Idées rauissantes, vn Tableau admirable de sa puissance, & de sa fécondité. Par exemple la Creation du monde, qui est le plus beau & le plus magnifique passage de l'Histoire, ne renferme-t'elle pas en soy tout ce qu'il y a dans la Nature ? n'est-ce pas vn pompeux étalage de toutes les mer ueilles du monde ; car dans ſa repreſentation on void des Hommes, des Bétes, des Païſages, des Architectures, des Fruits, des Aſtres, des Fleuues ; & toutes ces partíes font vn objet ſeparé & independant des autres parties de la Peinture, & rendent chacune ſon ſujet parfait dans la difference de ſes traits & de ſes expreſſions. De ſorte qu'on ne peut nier que la repreſentation de l'Hiſtoire ne demande vn Peintre acomply, parce qu'elle ſuppoſe vne connoiſſance parfaite de toutes les parties de ſon Art.

Pour faire vn Tableau d'Hiſtoire, on lit premierement le ſujet qu'on veut repreſenter, & l'ayant bien compris dans toutes ſes circonſtances, on le digere dans ſon eſprit pendant quelques heures, & le ſoir auant de ſe coucher ; & le lendemain matin,

E ij

qui est le temps le plus propre à cause de la liberté de l'esprit, on y fait
encore reflexion. Ensuitte l'on expri-
me les Idées particulieres qu'on aura
eû sur le sujet qu'on aura choisy,
qui ne manqueront jamais de venir à
vne personne qui aura l'imagination
vn peu viue, lesquelles Idées on exprimera chacun selon son genie: les
vns expriment sur de l'Ardoise, les
autres sur du Papier blanc, bleû, ou
gris, & quelques-vns sur du Papier
imprimé, d'autres enfin, sur de la
toile auec des Couleurs, & font ainsi
leurs esquisses. Toutes ces manieres
font bonnes, il n'y a qu'à exprimer
le plus viste qu'on peut ces Idées
nouuelles, de peur qu'elles ne s'éuanoüissent par la lenteur de l'expression. Ayant laissé ces premieres expressions pendant quelques iours, on
les reprend pour y adjouster ou pour

en diminuër quelque chose, ce que
les grands Peintres font toujours,
n'estant jamais bien satisfaits de leurs
premieres pensées, & se défiant auec
beaucoup de raison du premier feu
de l'imagination, qui dans sa grande
chaleur n'est jamais guere bien re-
glée, & nous emporte ordinairement
au dela des iustes bornes du jugement solide. Aprés cela on dresse
l'échelle de perspectiue pour dispo-
ser les figures dans leurs proportions; à quoy l'on adjouste la cor-
rection, dont ie ne vous diray rien à
cause de la longueur de ses circon-
stances ; sur quoy nostre Disciple
pourra s'instruire dans le Taitté que
le Docte Albert Durer a composé.
Neantmoins parce que la chose est
tres-importante, je ne puis m'empécher de luy aprendre l'inuention du
fameux M. Poussin, qui est presque le

seul de nostre temps qu'on peut comparer aux anciens pour ses belles inuentions, qui luy ont acquis vne estime immortelle parmy les sçauans. Car par le moyen de cette inuention l'on vient à bout d'vne des choses les plus difficiles de la Peinture.

Cét homme admirable & diuin Inuenta vne planche Barlongue, comme nous l'appellons, qu'il faisoit faire selon la forme qu'il vouloit donner à son sujet, dans laquelle il faisoit certaine quantité de trous où il mettoit des cheuilles, pour tenir ses manequins dans vne assiéte ferme & asseurée, & les ayant placés dans leur scituation propre & naturelle, il les habilloit d'habits conuenables aux figures qu'il vouloit peindre, formant les drapperies auec la pointe d'vn petit bâton, comme ie vous ay dit ailleurs, & leur faisant la teste

les pieds, les mains & le corps nud,
comme on fait ceux des Anges, les
éleuations des Païfages, les pieces
d'Architecture, & les autres orne-
miens auec de la cire molle, qu'il ma-
nioit auec vne adreffe & auec vne
tranquillité finguliere : Et ayant ex-
primé fes Idées de cette maniere, il
dreffoit vne boëtte Cube, ou plus
longue que large, felon la forme de
fa planche, qui feruoit d'affiete à fon
Tableau, laquelle boëtte il bouchoit
bien de tous coftés, hormis celuy
par où il couuroit toute fa planche qui
foutenoit fes Figures, la pofant de
forte que les extremités de la boëtte
tomboient fur celles de la planche,
entourant ainfi & embraffant, pour
-ainfi dire, toute cette grande ma-
chine.

Ces chofes eftant preparées de la
façon, il confideroit la difpofition du

lieu où son Tableau deuoit estre mis.
Si c'estoit dans vne Eglise, il regar-
doit la quantité de fenestres, & re-
marquoit celles qui donnoient plus
de iour à l'endroit destiné pour le
mettre, si le iour venoit par deuant,
par le côté, ou par le haut, s'il y venoit de plusieurs côtés, ou lequel do-
minoit dauantage sur les autres. Et
aprés toutes ces reflections si iudi-
cieuses, il arrestoit l'endroit où son
Tableau deuoit receuoir son veritable iour, & ainsi il ne manquoit jamais de trouuer la place la plus auan-
tageuse pour faire des trous à sa
boëtte, en la mesme disposition des
fenestres de l'Eglise, & pour donner
tous les iours & les demy-jours necessaires à son dessein. Et enfin, il faisoit vne petite ouuerture au deuant
de sa boëtte, pour voir toute la face
de son Tableau à l'endroit de la distance,

stance ; & il pratiquoit certe ouver-
ture si sagement, qu'elle ne causoit
aucun iour étranger , parce qu'il la
fermoit auec son œil, en regardant
par là pour dessigner son Tableau sur
le papier dans toutes ses aptitudes ,
ce qu'il faisoit sans y oublier le moindre trait ny la moindre circonstance ;
& l'ayant esquissé ensuite sur sa toille
il y mettoit la derniere main, aprés
l'avoir bien peint & repeint.

Certes, Monsieur, voilà vne maniere tout à fait belle pour reüssir
dans nôtre Art, & qui fait assés voir
l'esprit de ce grand homme, dont la
memoire ne mourra jamais tant qu'il
y aura des amateurs de cette belle
Profession. Et ie ne puis m'empécher
de vous dire à ce propos , qu'on ne
doit pas tant crier contre l'ingratitu-
de du Siecle comme l'on fait. Il y a
bien plus de sujet de crier contre l'i-

gnorance du Siecle. Quand il y a eû des Raphaëls & des Michel-Anges, sans parler de beaucoup d'autres Peintres illustres, il s'est trouvé des Pauls, des Innocens, & des François. Mais sans aller chercher des exemples si loin, n'avons-nous pas aujourd'huy celuy de LOVIS XIV? ce Prince qui semble n'avoir été donné du Ciel que pour la gloire de la Terre, dont il est l'admiration & la terreur tout ensemble. Ce grand Monarque, n'ayme-t-il pas à recompenser le merite en toutes sortes de professions? & les ouvrages des Le-Brun, des Bourdon, des Boulogne, des Mignar, des Champagne, des Loir, des Rousseau, des Latosse, des Lefebvre, des Ferdinand, des Nanteüil & des Chauueau, & de tant d'autres Peintres & Graveurs fameux de nôtre temps, ne publient-ils pas hautement l'eſtime qu'il en fait, & ſa liberalité & ſa magnificence? C'eſt donc pluſtoſt contre l'ignorance du ſiecle qu'il faut crier, que contre le ſiecle. Chaque Appelle trouueroit ſon Alexandre, s'il eſtoit pluſieurs Apelles. Et il ne faut point dire que c'eſt aux Princes à commancer, & à ré-pandre leurs bien-faits pour nous ex-citer à bien faire, c'eſt nous qui de-uons nous exciter nous-meſmes par l'amour de la vertu, & par le deſir de la gloire qui l'accompagne toujours, quelque dur & quelque ingrat que ſoit le ſiecle. Il eſt bien vray que le merite n'eſt pas touſiours recompen-ſé, mais c'eſt ſouuent par des raiſons qu'on ne doit pas rejetter ſur le Sie-cle. Nous ſommes nous-mémes le plus grand obſtacle à noſtre reputa-tion & à noſtre fortune, & nous ſom-mes plus coupables enuers nous, que les Estrangers dont nous nous plaignons?

Mais reuenons à nostre sujet. Remarqués s'il vous plait Monsieur, qu'il y a vne difference notable dans les proportions du Corps humain. La hauteur de huit fois la teste qu'on donne communement aux hommes, & de neuf fois aux femmes, n'est pas toujours veritable : car le corps d'vn Villageois, & à proportion celuy d'vne Villageoise, qui sont ordinairement plus ramassez & plus grossiers n'ont que sept fois la hauteur de la teste, depuis le sommet iusqu'à la plante des pieds. Les corps plus libres & plus dégagés en doiuent auoir huit fois, & les femmes neuf. Mais si tous ces corps doiuent paroistre habillés, on y doit adjouter vne demy-teste de hauteur, parce que l'étenduë des drapperies emporte & diminüe quelque peu de leur taille, & on leur donne ce surcroit de hauteur, afin qu'ils ayent plus de Grace & de Majesté. Ce que vous pouuez connoistre dans les beaux Tableaux de Raphaël, cét homme incomparable qui a fourny si glorieusement la carriere de l'honneur, auant d'auoir fourny celle de la vie ordinaire des hommes, estant mort à l'âge de trente-sept ans, auec les regrets de Rome & generalement de toute l'Europe, qui estoit remplie du bruit de son excellent merite.

Ie desirerois fort vous dire quelque chose de fixe touchant les Couleurs, & en faire vne regle infaillible, pour l'appliquer generalement à la disposition de chaque sujet selon son exigence naturelle, mais comme dans chaque espece les indiuidus sont innombrables, & qu'il est impossible

d'en trouuer deux qui foient touta-
fait femblables dans la carnation,
dans les traits, & dans les autres parties qui les compofent, il faudroit
parler d'autant de couleurs differentes, qu'il y a de fujets differents dans
la Nature. Il faut donc que le Peintre judicieux prenne cette regle de
luy-mefme, & qu'il foit fon propre
maiftre en cette occafion.

Ce que ie puis vous dire là-deffus,
c'eft qu'il faut en premier lieu eftudier à fond les traits du naturel, & en-
fuite remarquer exactemenr l'expref-
fion de quelque Peintre renommé.
Par exemple le Titien qui a reüffi
dans la carnation d'vne maniere fi
excellente, & fi particuliere, qu'en
cela il a furpaffé toute l'antiquité, dõt
les plus beaux Tableaux n'aprochent
pas affeurement ceux de ce fameux
Peintre pour ce qui eft de la carna-

tion, qu'on void fi viuement exprimée
dans tous les fiens, qu'il femble effe-
ctiuement que le fang coule dans les
veines de fes figures. C'eft pourquoy,
fuppofé qu'on euft deffein de fe rendre parfait dans l'ordre de la carnation, ie ne pourrois iamais confeiller
vn moyen plus affeuré pour cela, que
de confulter les ouurages de ce grand
homme, qui fe trouuent communement à Rome, à Paris, & prefqu'en
toute la Lombardie.

Mais afin de ne paffer pas trop legerement fur vne matiere fi impor-
tante, ie vous diray que les couleurs
principalles dont nous nous feruons,
font le blanc de plomb, qui eft le
plus beau de tous, la terre rouge, la
terre iaune, la terre verte, la laque,
le ftil de grum, le noir d'os, & le noir
de charbon, par le mélange defquel-
les on fait des teintes admirables &

qui approchēt beaucoup de la chair.
On se sert aussi d’outremer, qui est vne
couleur excellente, non seulement
pour les draperies, mais aussi pour
la carnation, ayant la proprieté de
conseruer l’éclat & la viuacité de toutes les autres couleurs, auec quoy on
le mesle. La laquesine & le vermillon
sont encore fort bons pour bien imiter la chair, & sur tout la chair des
femmes, qui est plus fraische & plus
delicate que celle des hommes.

Quand on veut faire vne belle carnation de femme, on en doit choisir
vne qui soit fraische, belle & blanche,
& sur tout qui se porte bien, car la san-
té est la veritable source de la bonne
couleur, & l’on trouue en vn visage
sain des teintes au delà de tout ce
que l’imagination la plus viue pourroit inuenter. Quand ie dis que l’on
doit choisir vne femme qui soit belle,

le, fraîſche & blanche, pour faire vn
beau coloris, ie n'entends pas parler
de ces teintes de plaſtre, qui n'ont de
l'éclat que par leur grande blancheur,
& qui ne ſont iamais les plus belles,
mais ie veux parler d'vn teint de roſe
qui a quelque choſe de plus doux, de
plus vif, & de plus animé, & qui dele-
cte plus puiſſamment les ſens. Les
teintes des hommes doiuent eſtre
plus fortes & plus chargées que celles des femmes, parce qu'eſtant plus
robuſtes & plus vigoureux, leurs expreſſions les doiuent repreſenter plus
fortement. Ie ne dis pas de ceux qui
ſont iaunatres & bazanés, qui ſem-
blent tenir plus du malade, que de
l'homme ſain, dont la couleur eſt ordinairement rougeatre&pleine d'vne
certaine viuacité que l'on peut hardiment apeller à la Titienne, laquelle
nôtre E'léue taſchera d'imiter auec

G

tout le fo   & toute la diligence pof-
fible. Et fi   on inclination le pouffe à
quelque autre maniere que celle du
Titien , il aura le foin d'en copier
quelque Tableau, auec le plus d'eftude & de recherche qu'il pourra: mais
qu'il fe fouuienne de preferer toujours l'eftude d'aprés le Naturel à
toutes les inuentions de fon genie.

Les manieres de peindre font auffi differentes qu'il y a de Peintres.
Les vns ébauchent fort legerement,
les autres finiffent au premier coup,
& d'autres ébauchent proprement &
retouchent aprés. Pour ma maniere,
elle eft telle. J'arrefte mon deffeing
le plus correct que ie puis, & ébauche de mefme, & comme mon ébauche eft propre, elle me fert à deux
fins. Quand ie fuis preffé, & que mon
ébauche eft bien feiche, ie prens vn
peu de vernis de Venife, auec vn peu

de belle huile de noix, que ie ne en-
femble , enuiron autant de l'vn que
de l'autre , & puis, ie prens vn petit
morceau d'éponge fort nette, que ie
fais imbiber dans cette huile & dans
ce vernis. Si c'eft l'Efté, cette com-
pofition prend fort bien & l'on en
frotte fechement la toile; fi c'eft l'Hy-
uer, la toile ne prend fi facilement le
vernis, mais on y apporte du remede
en approchant fa bouche de la toile,
& pouffant fon haleine contre, ce qui
facilite à peindre plus vifte, & de cette maniere on n'eft obligé de repein-
dre que de certains endroits, & l'on
donne de la force à ceux que l'on
veut. Mais quand vous voulez faire
quelque chofe de bien, & qui dure
long-temps, il eft plus expedient
d'employer couleur fur couleur, &
c'eft la veritable & la meilleure maniere. Et fi aprés auoir bien peint

vous ne voulés que retoucher, vous pouuez vous feruir de ce vernis dont ie viens de vous parler. Il eſt vray qu'il y faut apporter de la precau-tion, quand on vient à faire des dra-peries blanches, car il iaunit vn peu l'ouurage auſſi bien que l'huile, qui rend preſque toutes nos teintes ba-zanées. De ſorte que quand vous au-rés quelque Teſte, ou quelque Por-trait que vous voudrés faire fort frais, & ſur-tout de Femme (car elles ſont ordinairement blanches,) ie vous conſeille de ne point vous feruir de ce vernis, mais d'acheuer voſtre ouurage à force de peindre, à moins d'en trouuer vn qui ne iauniſſe point, ce qui ſeroit fort beau, & fort à ſouhaitter.

Enfin, pour dernier conſeil tou-chant les manieres de peindre, cher-chez auparauant d'en choiſir aucune, à voir tous les plus beaux Tableaux dans les Cabinets des Curieux. Mais ne faites pas comme ceux qui vont dans de grandes Bibliotheques, feulement pour admirer le grand nõbre des liures, & qui fe contentent d'en voir les intitulations, & le nom des Autheurs qui font au dos, fans les ouurir. Ainfi, il y en a qui ne vont chez les Curieux, que pour retenir le nom des Peintres & des Tableaux, afin d'en pouuoir faire des lieux communs à la premiere occafion, au lieu de s'attacher à quelqu'vn de ces Tableaux qui feroit plus à leur gouft, & dont ils pourroient faire leur profit, en le deuorant des yeux de l'efprit pour ainfi dire, afin d'en retenir l'Idée. Car il eft certain que lors qu'on s'attache à tant de manieres differentes, elles vous échappent toutes, l'efprit fe diffipant par cette diuerfité. Le mieux est donc de s'attacher à vne seule que nous croirons la meilleure, & qui sera plus à nostre goust, aprés toutesfois qu'on aura pris conseil sur cela de plus habilles que nous.

Pardonnez-moy, Monsieur, si le desir que i'ay de vous satisfaire m'engage insensiblement, dans vn trop grand discours, & trouués bon s'il vous plaist, puisque i'ay déja passé les iustes bornes d'vne Lettre, que ie vous parle encore des Couleurs, sur quoy il y auroit tant de belles choses à dire.

Parlons donc de la Carnation qu'il faut donner aux deux plus beaux Sujets du monde, Iesvs-Christ, & la Vierge-Marie.

Chacun sçait que ce Seigneur adorable estoit le plus beau & le mieux fait de tous les hommes, ainsi que

le tesmoigne l'Ecriture : Pour nous
donner à entendre, que la beauté ex-
terieure du Corps est vn don fort
pretieux & recommandable, & qu'elle s'accorde parfaitement auec la
beauté interieure de l'Ame. Comme
IESVS-CHRIST estoit le plus iuste
d'entre les hommes, il falloit aussi
par vn espece de conuenance, qu'il
fut le plus accomply au dehors. Tellement qu'on peut dire que ceux-là
dementent leur Caractere, qui lo-
gent vne vilaine ame dans vn beau
corps, & qu'ils violent ce priuilege
sacré que DIEV semble auoir attaché
à ce rare don de Nature, qui a donné
lieu à tous les Sçauans de dire que ce
qui estoit beau estoit bon, iusques-là
que les Grecs en ont fait vne espece
de Prouerbe. Mais reuenons à la carnation de la figure du Sauueur de
nos Ames. Comme l'éclat de nos

plus belles & de nos plus riches Couleurs est infiniment au dessous de celluy de ce diuin Sujet, il faut de necessité brunir toutes les teintes qui sont les plus proches de luy, pour faire éclatter dauantage les Graces & la Majesté qui l'embelissent naturellement.

Aprés auoir fait le fonds du Tableau, qui est pour l'ordinaire vn Ciel, vn Paysage, quelque Draperie, ou quelque Architecture afin d'vnir les figures, nostre Disciple fera la principale la premiere, ou bien il commencera par celles qui doiuent paroistre les plus éloignées de la veüe, prenant garde que les teintes ne soient pas trop fortes & qu'elles tiennent vn peu du fonds, & reseruant ses plus viues couleurs pour les figures les plus proches de la veüe, & ses plus riches, pour la principale, le, qui doit donner plus d'éclat au Tableau.

Si les figures les plus proches doiuent estre éclairées, il y appliquera son clair plus fort qu'à tout le reste du Tableau; & si elles doiuent estre ombrées, il y employra de mesme son brun le plus fort, & le plus agreable à la veuë, adouciffant cét excez de force auec iugement: car ce n'est ny le grand clair, ny le grand brun, qui font ce bel effet qu'on admire dans les Tableaux, mais le meflange iudicieux des couleurs, & la conduite du Peintre à les appliquer felon la conuenance naturelle de fon fujet. Autrement, qui eft-ce qui ne fçait pas que pour faire éclatter vn grand blanc, il ne faudroit fimplement que mettre vn grand noir tout auprés? les couleurs, de mefme que le reste des chofes du monde, ne paroiffant

H

iamais tant que par leurs contraires
& par leurs oppoſitions. Mais comme le grand blanc & le grand noir
ſingulierement, offenſent la veüe par
leur excés de force, l'on diminüe ce
trop grand effet par vn adouciſſe-
ment diſcret, afin de les rendre plus
proportionnés & plus agreables à
l'œil : & c'eſt l'ordre qu'il faut garder
generalement dans l'vſage des autres
couleurs.

Parce que nous n'auons pas de
clair aſſez vif pour imiter parfaitement la Nature, il faut employer le
plus proprement qu'il ſe peut celuy
que nous auons, pour ne le point ternir par vn mélange indiſcret. Et puis,
nous faiſons nos demy-teintes vn peu
fortes, & quelques-fois nous mettons
des bruns, comme quand nous voulons repreſenter la lumiere du Soleil,
ou celle d'vn Flambeau ; nous op-

posons alors à ces grands clairs, des bruns plus forts que la Nature ne nous les represente, afin de ménager la finesse de l'Art auec la portée de nos Couleurs, qui défaillent en ces rencontres & n'expriment qu'imparfaitement les viuacitez de la Nature. De mesme, lors que nous voulons exprimer les traits d'vne belle Princesse, d'vne Reyne, ou d'vne Imperatrice, nous auons accoustumé de leur donner pour Suiuantes, sur qui elles s'appuyent d'ordinaire en marchant, des femmes vn peu bazanées & de vieilles moresques, des Pages auec des gestes fort libres, & de petits Nains fort difformes, pour donner plus de Grace & de Majesté au sujet principal.

C'est de cette sorte qu'il faut exprimer les Beautés diuines de Iesvs-Christ, & le faire éclatter dans tous

les paſſages de ſon Hiſtoire, comme
l'vnique Soleil d'ou procedent toutes les lumieres, & l'vnique beauté
d'ou procedent toutes les Beautés:
ſoit qu'on le repreſente conuerſant
fur la Terre auec les hommes, ſoit
qu'on le repreſente triomphant dans
les Cieux auec les Anges.

La plus belle teinte de ſa Carnation, ſe fait ſelon mon ſentiment,
auec du blanc de plomb, du maſſicot, & de la laque fine, dont il faut
mettre tres-peu dans la premiere
teinte, vn peu plus dans la ſeconde,
& encore dauantage dans la troiſié-
me: & pour faire le rouge des leures,
il en faut auſſi vn peu auec du vermillon. Pour les demy-teintes, il faut
de l'outremer, du blanc de plomb,
de la terre iaune, ou du maſſicot &
du vermillon. Et pour les faire vn
peu violettes, comme celles qui ſont

à l'entour des yeux, on y mefle vn
peu de laque fine, & pour les demy-
teintes brunes, de l'outremer qui s'v-
nit doucement au clair. Le brun fe
fait auec la laque fine & le ftil-degrum,
& l'on fe fert de cette teinte pour
faire les endroits les plus bruns, comme le deffous du nés, le dedans de
la bouche, & le cofté de l'ombre.
Pour faire le brun plus fort, on y
adjoufte vn peu de noir d'os. Les
cheueux, la barbe, & les fourcils fe
font auec les teintes que le feul genie
du Peintre doit regler fur le Naturel, ou inuenter felon la qualité de
la figure qu'il peint, & les traits qu'il
defire exprimer.

Pour la Carnation de la VIERGE,
elle fe fait auec les mefmes teintes
que ie viens de dire, en adjouftant
dans les plus clairs, qui font les premieres teintes d'ont j'ay parlé, vn

peu plus de blanc de plomb, parce que les femmes ont le teint plus frais & plus delicat que les hommes. Et pour ce qui est du petit Enfant IESVS, qui ne doit pas estre oublié, il le faut peindre vn peu rougeastre. Pour cét effet, il n'y a qu'à mettre dans les teintes que nous auons specifiées cy-dessus, vn peu plus de vermillon que de laque, pour mieux discerner les coloris de la VIERGE. Si l'on veut adjouster vn petit S. Iean, il le faut faire vn peu bazané, afin de donner plus d'éclat à l'enfant IESVS; & si c'est vn Saint Ioseph, qu'on met ordinairement dans l'ombre, à méme fin, il faut ternir ses clairs auec de l'outremer, ou de la terre verte, qui fait à peu-prés le mesme effet. Toute la difference qu'il y a, c'est que l'outremer conserue sa viuacité & que la terre verte est sujette à s'éuaporer. Du reste, on fait

à Saint Ioſeph les cheueux & la barbe griſâtres, auec les meſmes demy-
teintes que i'ay dit , & du noir de
charbon. Mais la maniere la plus ordinaire & la plus commune pour faire la carnation d'vn petit Enfant, eſt
auec du blanc de plomb, du vermillon, & vn peu de laque fine : & pour
les demy-teintes, on y adjouſte de
l'outremer, & de la terre verte, & vn
peu de terre iaune. Celle d'vn ieune
homme ſe fait auec les meſmes teintes, en mettant dans chacune vn peu
de terre iaune. Pour celle d'vn vieil-
lard, on meſle du maſſicot dans tous
les clairs, & les bruns ſe font auec
de la terre iaune, du brun rouge & du
noir d'os, plus ou moins de l'vn que
de l'autre, à la diſcretion du Peintre,
& ſuiuant la neceſſité du ſujet. Et la
Carnation des Femmes doit auoir
plus de blanc dans chaque coloris

clair, & à proportion du reſte.

Venons à-preſent aux drapperies.
L'habit de deſſous pour IESVS-CHRIST
ſe fait d'ordinaire de couleur de roſe,
dont on compoſe la teinte auec la laque fine, ou auec la commune. Le
premier coloris qui eſt le plus clair,
ſe fait auec plus de blanc de plomb
que de laque ; Le ſecond, auec
plus de laque que de blanc ; Le troi-
ſieſme auec encore plus de laque que
de blanc ; Et le quatriéme, auec la
laque & vn peu de noir d'os, ou bien
auec vn peu d'outremer.

Si l'on veut que la drapperie ſoit
vn peu incarnate, il faut meſler dans
chaque teinte vn peu de vermillon.
Si l'on veut faire vn bel incarnat, il
y faut mettre plus de vermillon. Si
l'on veut faire vn habit de belle Couleur d'écarlatte, il faut pour la premiere teinte, du vermillon tout pur,

Pour

pour la seconde, moins de laque que
de vermillon ; pour la troisiesme ,
plus de laque que de vermillon, &
pour la derniere, beaucoup de laque
& tres-peu de vermillon. Mais parce
que ces belles couleurs ont trop de
force & d'éclat, afin de le temperer
vn peu, & moderer cét excez qui of-
fense la veüe, & qui s'éloigne trop du
naturel , on salit les bruns auec vn
peu de noir d'os, & si l'on veut les faire tout-à-fait beaux, il y faut adjouter vn peu d'outremer qui leur donne
vn agrément tout particulier.

Si l'on veut faire le manteau de
Iesvs-Christ de couleur bleüe, il
faut mettre beaucoup de blanc de
plomb, & tres-peu d'inde , dans la
premiere teinte, parce que cette derniere couleur est extrememet forte
& solide ; dans la seconde , plus de

blanc que d'inde ; dans la troisiéme, plus d'inde que de blanc ; & ~~pour~~ la quatriéme, de l'inde tout pur. Mais parce que l'inde est fort defectueux, on fera beaucoup mieux de se seruir d'outremer en sa place, à la premiere, seconde, & troisiéme teinte, & à la derniere, d'vn peu de laque fine, mélant l'outremer & le blanc auec proportion, & faisant les quatre teintes discretement, parce que l'outremer n'a pas tant de corps que l'inde.

L'habit de la Vierge se fait d'vne étoffe blanche pour la robbe, & d'vne étoffe bleüe pour le manteau, faisant les teintes proportionnées & par ordre, comme celles des vestemens de Iesvs-Christ. Les demy-teintes & les bruns de la robe se font auec du blanc, du noir d'os, & vn peu d'outremer. Celles du manteau auec du

blanc de plomb & de l'outremer, en
cas qu'on ne se veüille pas seruir de
l'inde.

On donne ordinairement à Sainct
Ioseph vne robbe de feüille-morte,
& vn manteau violet. On habille
Saint Pierre de bleû & de iaune; Saint
Paul, de vert & de rouge ; Saint Bar-
thelemy , de gris-delin & de iaune;
Saint Iean, de vert & de rouge, comme saint Paul; & pour les petits Enfans,on les habille communément de
blanc. Mais sans m'arrester dauantage sur cette matiere , ie n'ay qu'à
vous dire en vn mot, que les habil-
lemens des Saints & des Saintes sont
à la discretion du Peintre, si ce n'est
que l'Histoire luy oste cette liberté,
laquelle il doit ménager selon les
qualités, les occurrences & les disi
positions des sujets, n'estant pas pos-

fible d'en faire vne regle generalle
& infaillible. Tous ces diuers coloris fe font auec leurs couleurs propres, en y mélant du blanc pour les
clairs, du ftil-degrum pour les bruns,
& de la laque & du noir d'os pour
les plus forts des bruns.

Mais remarquez s'il vous plait, que
toutes ces Couleurs, c'eft à dire la
laque, le ftil-degrum, l'inde, le noir
d'os, la terre iaune, la terre rouge, &
l'outremer ne fe feichent point naturellement, fans y mefler vn peu de
verdet, ou de l'huile graffe, qui eft
tres-propre & l'vnique moyen pour
cela. Car le verd-degris eftant tres-
pernicieux aux Couleurs, on fera
bien de ne s'en feruir iamais.

Il y a encore vne autre forte de
bleû qu'on appelle émail, dont on
ne fe fert ordinairement que pour

faire vn Ciel, auec du blanc, afin
d'épargner l'outremer, qui eſt vne
Couleur pretieuſe & rare ; & auſſi
pour faire des arbres, parce qu'eſtant
meſlé auec le ſtil-degrum il fait vn
fort beau verd, & auec l'outremer
encore plus beau. Pour en faire les
clairs, il y faut meſler vn peu de blanc.
Et ſi l'on veut que les arbres ſoient
vn peu fanés, comme ils ſont en Au-
tomne, & au commencement de l'Hy-
uer, on y met de la terre iaune. Pour
les faire plus bruſlés du Soleil, il y
faut mettre de la terre rouge, & dans
les ombres vn peu de laque, & de
ſtil-degrum. Si l'on veut peindre les
eſpaces éloignés des Païſages, il faut
les regler à l'Oriſon, comme quand
on veut faire vn Soleil leuant, ou au
midy, ou au couchant, il faut que
toutes les teintes du Païſage tien-

nent de la lumiere, pour donner au
Tableau l'vnion neceſſaire, qui de-
pend de la conuenance & du rapport
de toutes les parties enſemble.

Si l'on veut repreſenter vn beau
temps & ſerain, il faut peindre des
montagnes qui tiennent du Ciel, &
dont les rehauts ſoient de la couleur
de l'Orizon. Et ſi l'Orizon a l'aſpect
d'vn Soleil couchant, qui eſt d'ordinaire rougeâtre, il faut auſſi que les
couleurs des montagnes en tiennent.

Quand on veut exprimer vn temps
de pluye ou de tempeſte, il faut que
les teintes des Païſages ſoient triſtes
par-tout, hors-mis quand on expri-
me quelque rayon de lumiere qui
frappe vn certain objet, par exemple
vne partie de maiſon, de champ, de ri-
uiere, ou de Payſage, au-trauers d'vne
grande bourraſque qui ne dure que

peu de temps : & comme cét éclat de lumiere ne frappe qu'vn espace limité, il y faut appliquer precisement vn coloris clair vn peu iaunâtre.

Il y auroit encore vne infinité de choses à dire touchant le mélange des Couleurs, & la conduite du Peintre pour l'application ; mais outre que ie serois trop long, il est impossible d'en donner des regles asseurées, ainsi que ie l'ay déja dit, la representation d'vne Histoire étant vne production toute pure de l'esprit & de l'imagination du Peintre, qui doit auoir vne connoissance generale de toutes choses. Par exemple, si l'on veut peindre vn homme mourant de douleur, ou d'vne fiévre, comment pourra-t'on bien exprimer les mouuemens de sa Passion, & les Symptomes de son mal, si l'on n'a vne parfaite connoiſſance des effets de la Nature ? Comment pourra-t-on bien exprimer vn Ciel embelly de la diuerſité de ſes Aſtres, de ſon Serain, de ſes Nüées, de ſes Eſclairs & de ſes Tonnerres ? Comment pourra-t-on bien exprimer les beau-tés de la Terre, la diuerſité des Saiſons, & les proprietez des autres Elemens ? Mais ſur-tout, comment pourra-t-on bien exprimer l'Homme auec tant d'actions differentes, pro-pres & accidentelles, naturelles & artificielles ? Cela ne ſe peut point ſans doute ſans auoir vne notion fort eſtendüe, & vne fecondité de genie fort ſinguliere, tellement qu'on peut dire hardiment qu'il ne faut pas moins que toute la capacité de l'Eſ-prit humain, pour faire vn Peintre acheué,

Il est temps, Monsieur, que ie
vous parle de l'vnion des Couleurs,
qui n'est pas la moindre partie de
nostre Art. Mais ce que ie vous
en diray ne sera qu'en passant, &
seulement pour en donner quelque
connoissance à nostre Eléue. Cette
vnion n'est autre chose qu'vn mélange discret & iudicieux, vn vsa-
ge propre & naturel des Couleurs,
selon les iours & les ombres d'vn
Tableau. Par exemple, si vn Tableau
a son grand iour par deuant, il y faut
employer les plus viues Couleurs, &
qui expriment mieux les clairs de la
lumiere. Mais si l'on y fait vn acci-
dent de demy-teinte, ou de brun,
& que le plus grand iour soit au
milieu du Tableau, il y faut bien
vnir les Couleurs les vnes auec les
autres, & diminuër de distance en distance quelque peu de leur viuaci-

té, afin d'éuiter les fautes qui font fi communes en cette forte d'ouurages.

Il ne fera pas hors de propos de parler icy auant finir, de la maniere de faire des portraits, puifque d'ailleurs noftre fiecle s'y adonne fi fort, & que c'eft fur tout le gouft de noftre France.

Pour faire vn Portrait, il faut d'abord placer la perfonne qu'on veut peindre, dans vn iour qui luy foit le plus auantageux, & qui foit plus propre pour la bien voir en la peignant, fans qu'on foit obligé de tourner la tefte ny le corps. On la deffigne enfuitte fur la toile, que les vns impriment, & les autres l'encollent fimplement; & l'ayant deffignée, on prepare fur la palette toutes les teintes neceffaires pour la Carnation, & pour la Draperie, s'il luy faut faire l'habit immediatement aprés la tefte.

Puis, le Peintre s'étant éloigné d'vne distance raisonnable & proportionnée, il commencera à peindre la personne auec toute la recherche & l'application dont il sera capable, pour attraper ce naturel & cette ressemblance, qui doiuent estre son premier obiet & sa fin la plus proche: car c'est proprement cette ressemblance qui merite d'estre appellée *vne seconde Creation*, & qui donne au Peintre le Tiltre glorieux *d'Imitateur de Dieu & de la Nature.*

Il y a des Peintres qui commencent à peindre par les bruns, & il y en a d'autres qui commencent par les clairs. Ces deux manieres sont bonnes; mais il me semble que la meilleure est de commencer par les bruns. En premier lieu, parce qu'on déssigne deux fois son Portrait par ce moyen, & qu'on remarque si les parties sont

bien en leur place. En deuxiéme lieu,
parce qu'en pofant les clairs les premiers, fi c'eſt en Eſté, auant qu'on
les ayt tous poſés, vne partie eſt à
demy-ſeiche, en ſorte que lors qu'on
veut peindre par deſſus, les teintes
s'enleuent & s'écorchent.

Quãd la teſte eſt peinte, & qu'õ trouue qu'elle reſſẽble aſſez à la perſonne,
dans la diſtance qu'elle a eſté tirée,
mais que neantmoins approchant le
portrait de l'Original, on y remarque quelque petite difference lors
qu'on les confronte l'vn contre l'autre d'vn peu plus loing, cette difference vient de ce que les clairs & les
bruns ne ſont pas aſſez forts dans les
principaux traits du viſage, leſquels
on n'a pas recherchés d'aſſez prez.
Car l'experience nous démonſtre
clairement, qu'vn viſage regardé de
prés ſe fait mieux voir, que lors qu'on

le regarde dans la diſtance que le Peintre prend pour le peindre, à cauſe de l'opacité de l'air, & de la foibleſſe de la veuë.

Ayant parlé de la neceſſité qu'il y a de ſe ſeruir de l'Huile graſſe pour ſeicher les Couleurs, ie ne ſçaurois oublier de mettre icy la maniere de la faire, laquelle noſtre Diſciple ne trouveroit pas peut-eſtre ailleurs.

Il faut auoir vne once de Litarge d'or, l'écraſer & la mettre dans vn linge, & en ayant fait vn noüet, comme quand on veut époncer, il le faut exprimer en le trempant ſouuent dans de l'huille de noix, que vous mettrés dans vn pot d'enuiron chopine. Et quand cette huille aura pris la couleur de la Litarge, vous la ferés boüillir l'eſpace d'vn quart d'heure, auec ce noüët de Litarge. Lorsque l'huille commencera à brunir, &

qu'elle filetera au bout de l'espatule
auec quoy on la remüera, il faudra la
tirer de deſſus le f ... & la laiſſer dans
le meſme pot. Si elle eſt trop épaiſſe,
c'eſt vne marque qu'elle a trop boüil-
ly : c'eſt pourquoy il faudra remet-
tre d'autre huille ſur la premiere, dans
le méme pot, lequel vous ne laiſſerez
ſur le feu, qu'autant de temps qu'il ſe-
ra beſoin pour faire voſtre huille rai-
ſonnablement claire, ce que vous iu-
gerés en la faiſant ſouuent fileter au
bout de l'espatule : car le plus ou le
moins de feu empeſche de determiner le temps.

Enfin, Monſieur, me voilà arriué au
bout de ma carriere. I'aduoüe que ie
ne me l'eſtois pas propoſée ſi longue,
& ie dois craindre que cette longueur
ne vous ayt fatigué. Mais vous auez
voulu que ie vous écriuiſſe ſur vne
matiere qu'on ne ſçauroit traiter ſuc-

rintement. Ie dois donc plûtot vous demander excufe de ce que ie me fuis fi mal acquité de mon entreprife. I'en aurois fans doute vne confufion extréme, fi ie n'eftois pas perfüadé au point que ie fuis, que i'écris pour vn amy tout-a-fait indulgent & fauorable, & fi ie ne fçauois que vous regarderez ce petit Traitté, comme vn effet de la complaifance que i'ay pour vous, bien-loing de l'attribüer à vn defir de gloire, & à cette démangeaifon d'écrire, dont les demy-fçauans de nos iours font fi fort poffedez. Ie fuis,

MONSIEVR,

Voftre tres-humble, & tres-
obeyffant feruiteur

LE-BLOND DE LATOVR.
Peintre de l'Hoftel de Ville de Bourdeaux.

A BOVRDEAVX
le 4. dé Septembre 1668.

www.ingramcontent.com/pod-product-compliance
Ingram Content Group UK Ltd.
Pitfield, Milton Keynes, MK11 3LW, UK
UKHW051844140726
13696UKWH00007B/1281